AF382757

Déclaration des droits de la femme
et de la citoyenne

© 2025. Edico
Éditions : Memoria Books pour Edico
7 rue Aristide Maillol 77600 Bussy-Saint-Georges
contact@jdheditions.fr
Imprimé par Libri Plureos GmbH, Friedensallee 273, 22763 Hambourg, Allemagne

Réalisation et conception couverture : Cynthia Skorupa

ISBN : 978-2-38437-042-9
Dépôt légal : janvier 2025

Olympe de Gouges

Déclaration des droits de la femme et de la citoyenne

1791

MEMORIA BOOKS

PRÉFACE

Par Jean-David Haddad

*Écrivain, Professeur agrégé de
sciences économiques et sociales*

*Éditeur, Président d'EDICO
(JDH Éditions, Memoria Books)*

Qu'est-ce que le féminisme ? Le terme a été employé pour la première fois, de manière péjorative, par Alexandre Dumas en 1872, et il a été popularisé par Hubertine Auclert en 1882, qui lui donna son sens actuel. À savoir une conception selon laquelle l'homme et la femme sont égaux, et doivent être considérés comme tels à tous les niveaux de la société.

Un siècle plus tôt, une femme posa d'un coup, abruptement, les fondations du féminisme, sans jamais en prononcer le mot pour la bonne et simple raison qu'il n'existait pas. Cette femme, c'était l'écrivaine Olympe de Gouges, courtisane assumée dans sa jeunesse, qui écrivit ce texte provocateur resté sans suite, *Déclaration des droits de la femme et de la citoyenne*. Un texte rédigé le 14 septembre 1791, adressé à la reine Marie-Antoinette.

Cette « Déclaration des droits de la femme et de la citoyenne » faisait écho, non sans ironie, à la Déclaration des droits de l'homme et du citoyen, proclamée le 26 août 1789. Olympe de Gouges revendiquait l'accès des femmes à la citoyenneté. Car à cette époque, et malgré la Révolution, les femmes n'étaient pas considérées comme ayant la citoyenneté. Ce fut donc un énorme pavé dans la mare que d'écrire que « la femme naît libre et demeure égale à l'homme en droits ». Le paradoxe de la fameuse Déclaration des droits de l'homme et du citoyen, c'est qu'elle concerne tous les humains et non spécifiquement ceux du sexe masculin... et pourtant les femmes demeurent exclues de la citoyenneté. Olympe de Gouges a donc voulu tout simplement lever le paradoxe et permettre une réelle égalité des droits.

À plusieurs endroits de son texte, Olympe de Gouges a remplacé « l'homme » par « la femme et l'homme », de manière à lever le paradoxe et ne pas laisser le choix à l'interprétation purement masculine de la Déclaration. Mais l'égalité des droits est aussi une égalité de traitement et une égalité des devoirs. Ainsi écrit-elle : « Nulle femme n'est exceptée ; elle est accusée, arrêtée, et détenue dans les cas déterminés par la Loi. »

Quelques années plus tard, en 1793, elle est guillotinée. À 45 ans.

Contrairement au mythe, ce n'est pas son texte, objet du présent livre, qui lui vaudra cette sinistre fin, mais un enchaînement de prises de position contre les excès de la Révolution, et tout particulièrement la création d'une affiche qui proposait au peuple de choisir entre la République et une monarchie constitutionnelle. Elle est notamment accusée de vouloir rétablir un gouvernement autre que « un et indivisible ».

Quelque part, en voulant une égalité de droit et de traitement, elle aura réussi à avoir un sort similaire à celui des hommes qui parlaient trop fort. Au-delà du fait qu'elle fut une femme, on peut réellement s'interroger sur l'étendue de la liberté de pensée et d'expression qui prévalait à cette époque, qui se voulait pourtant libératrice…

Reconnue aujourd'hui comme une militante pour l'égalité et la liberté, plusieurs établissements portent son nom, comme des lycées par exemple. Et son texte est, en 2025, officiellement au programme du bac de français.

Vous trouverez dans ces pages, le texte intégral d'Olympe de Gouges. Et à la fin de l'ouvrage, un dossier pédagogique et documentaire sur le féminisme.

CHRONOLOGIE
de la vie d'Olympe de Gouges

7 mai 1748 : Naissance à Montauban sous le patronyme Marie Gouze.

1765 : Mariage par ses parents à Louis-Yves Aubry, à qui la légende a donné trente ans de plus qu'elle.

1766 : Naissance de son fils Pierre Aubry.

1770 ou 1771 (la date n'est pas certaine) : Marie Gouze s'enfuit avec son fils à Paris, et prend le nom d'Olympe de Gouges.

1774 : Son nom entre dans l'*Almanach de Paris* ou annuaire des personnes de condition, après avoir été courtisane pendant ces quelques années.

1782 : Écriture de sa première pièce de théâtre, *Zamore et Mirza*, qui traite de l'esclavage des Noirs. La pièce est retirée après trois représentations, sous la pression des colons.

1788 : Elle écrit sa « Lettre au Peuple », dont le *Journal général de France* publie son projet d'impôt patriotique.

1791 : Olympe de Gouges exprime ses réticences à l'égard d'une constitution qui accorde trop peu de pouvoirs au roi. Selon elle, l'égalité doit être stricte entre le pouvoir législatif et le roi des Français. Elle rédige la Déclaration des droits de la femme et de la citoyenne.

Avril 1792 : Elle conteste la Constitution de septembre 1791 du fait de son caractère censitaire et masculin.

Octobre 1792 : Elle rejoint les Girondins.

Novembre 1792 : Elle écrit une pièce de théâtre républicaine, *La France sauvée ou le tyran détrôné*.

Décembre 1792 : Olympe de Gouges se propose sans succès d'assister Malesherbes dans la défense du roi devant la Convention.

Printemps 1793 : Elle dénonce les dangers de dictature qui se profilent selon elle.

4 juin 1793 : Olympe de Gouges accuse le parti girondin et adresse au président de la Convention une lettre où elle s'indigne de mesures attentatoires aux principes démocratiques.

Juillet 1793 : Olympe de Gouges compose une affiche qui demande une élection à trois choix : république une et indivisible, république fédéraliste, retour à la monarchie constitutionnelle. Elle est arrêtée et inculpée par le tribunal révolutionnaire pour avoir proposé ce troisième choix.

Novembre 1793 : Condamnée à la peine capitale, elle s'écrie devant la guillotine, située sur l'actuelle place de la Concorde : « Enfants de la Patrie, vous vengerez ma mort. »

Enfants de la Patrie,

vous vengerez ma mort !

À LA REINE

Madame,

Peu faite au langage que l'on tient aux rois, je n'emploierai point l'adulation des courtisans pour vous faire hommage de cette singulière production. Mon but, Madame, est de vous parler franchement ; je n'ai pas attendu, pour m'exprimer ainsi, l'époque de la liberté : je me suis montrée avec la même énergie dans un temps où l'aveuglement des despotes punissait une si noble audace.

Lorsque tout l'Empire vous accusait et vous rendait responsable de ses calamités, moi seule, dans un temps de trouble et d'orage, j'ai eu la force de prendre votre défense. Je n'ai jamais pu me persuader qu'une princesse, élevée au sein des grandeurs, eût tous les vices de la bassesse.

Oui, Madame, lorsque j'ai vu le glaive levé sur vous, j'ai jeté mes observations entre ce glaive et la victime ; mais aujourd'hui que je vois qu'on observe de près la foule de mutins soudoyée, et qu'elle est retenue par la crainte des lois, je vous dirai, Madame, ce que je ne vous aurais pas dit alors.

Si l'étranger porte le fer en France, vous n'êtes plus à mes yeux cette reine faussement inculpée, cette reine intéressante, mais une implacable ennemie des Français. Ah ! Madame, songez que vous êtes mère et épouse ; employez tout votre crédit pour le retour des princes. Ce crédit, si sagement appliqué, raffermit la couronne du père, la conserve au fils, et vous réconcilie l'amour des Français. Cette digne négociation est le vrai devoir d'une reine. L'intrigue, la cabale, les projets sanguinaires précipiteraient votre chute, si l'on pouvait vous soupçonner capable de semblables desseins.

Qu'un plus noble emploi, Madame, vous caractérise, excite votre ambition, et fixe vos regards. Il n'appartient qu'à celle que le hasard a élevée à une place éminente, de donner du poids à l'essor des droits de la femme, et d'en accélérer les succès. Si vous étiez moins instruite, Madame, je pourrais craindre que vos intérêts particuliers ne l'emportassent sur ceux de votre sexe. Vous aimez la gloire : songez, Madame, que les plus grands crimes s'immortalisent comme les plus grandes vertus ; mais quelle différence de célébrité dans les fastes de l'histoire ! l'une est sans cesse prise pour exemple, et l'autre est éternellement l'exécration du genre humain.

On ne vous fera jamais un crime de travailler à la restauration des mœurs, à donner à votre sexe toute la consistance dont il est susceptible. Cet ouvrage n'est pas le travail d'un jour, malheureusement pour le nouveau régime. Cette révolution ne s'opérera que quand toutes les femmes seront pénétrées de leur déplorable sort, et des droits qu'elles ont perdus dans la société. Soutenez, Madame, une si belle cause ; défendez ce sexe malheureux, et vous aurez bientôt pour vous une moitié du royaume, et le tiers au moins de l'autre.

Voilà, Madame, voilà par quels exploits vous devez vous signaler et employer votre crédit. Croyez-moi, Madame, notre vie est bien peu de chose, surtout pour une Reine, quand cette vie n'est pas embellie par l'amour des peuples, et par les charmes éternels de la bienfaisance.

S'il est vrai que des Français arment contre leur Patrie toutes les puissances ; pourquoi ? Pour de frivoles prérogatives, pour des chimères. Croyez, Madame, si j'en juge par ce que je sens, le parti monarchique se détruira de lui-même, qu'il abandonnera tous les tyrans, et tous les cœurs se rallieront autour de la Patrie pour la défendre.

Voilà, Madame, voilà quels sont mes principes. En vous parlant de ma patrie, je perds de vue le but de cette dédicace. C'est ainsi que tout bon citoyen sacrifie sa gloire, ses intérêts, quand il n'a pour objet que ceux de son pays.

Je suis avec le plus profond respect, Madame, votre très humble et très obéissante servante.

"

Homme, es-tu capable d'être juste ?

Qui t'a donné le souverain empire

d'opprimer mon sexe ?

LES DROITS DE LA FEMME

Homme, es-tu capable d'être juste ? C'est une femme qui t'en fait la question ; tu ne lui ôteras pas du moins ce droit. Dis-moi ? Qui t'a donné le souverain empire d'opprimer mon sexe ? Ta force ? Tes talents ? Observe le créateur dans sa sagesse ; parcours la nature dans toute sa grandeur, dont tu sembles vouloir te rapprocher, et donne-moi, si tu l'oses, l'exemple de cet empire tyrannique.

Remonte aux animaux, consulte les éléments, étudie les végétaux, jette enfin un coup d'œil sur toutes les modifications de la matière organisée ; et rends-toi à l'évidence quand je t'en offre les moyens ; cherche, fouille et distingue, si tu le peux, les sexes dans l'administration de la nature. Partout tu les trouveras confondus, partout ils coopèrent avec un ensemble harmonieux à ce chef-d'œuvre immortel.

L'homme seul s'est fagoté un principe de cette exception. Bizarre, aveugle, boursouflé de sciences et dégénéré, dans ce siècle de Lumières et de sagacité, dans l'ignorance la plus crasse, il veut commander en despote sur un sexe qui a reçu toutes les facultés intellectuelles ; il prétend jouir de la Révolution, et réclamer ses droits à l'égalité, pour ne rien dire de plus.

La marche des femmes sur Versailles, le 5 octobre 1789.

DÉCLARATION DES DROITS
DE LA FEMME
ET DE LA CITOYENNE

*À décréter par l'Assemblée nationale dans ses dernières séances
ou dans celle de la prochaine législature.*

Préambule

Les mères, les filles, les sœurs, représentantes de la nation, demandent d'être constituées en Assemblée nationale.

Considérant que l'ignorance, l'oubli ou le mépris des droits de la femme sont les seules causes des malheurs publics et de la corruption des gouvernements, [elles] ont résolu d'exposer dans une déclaration solennelle, les droits naturels, inaliénables et sacrés de la femme, afin que cette déclaration constamment présente à tous les membres du corps social, leur rappelle sans cesse leurs droits et leurs devoirs, afin que les actes du pouvoir des femmes, et ceux du pouvoir des hommes pouvant être à chaque instant comparés avec le but de toute institution politique, en soient plus respectés, afin que les réclamations des citoyennes, fondées désormais sur des principes simples et incontestables, tournent toujours au maintien de la Constitution, des bonnes mœurs, et au bonheur de tous.

En conséquence, le sexe supérieur en beauté comme en courage dans les souffrances maternelles, reconnaît et déclare, en présence et sous les auspices de l'Être suprême, les Droits suivants de la femme et de la citoyenne.

Article Premier

La femme naît libre et demeure égale à l'homme en droits. Les distinctions sociales ne peuvent être fondées que sur l'utilité commune.

II

Le but de toute association politique est la conservation des droits naturels et imprescriptibles de la femme et de l'homme : ces droits sont la liberté, la propriété, la sûreté, et surtout la résistance à l'oppression.

III

Le principe de toute souveraineté réside essentiellement dans la nation, qui n'est que la réunion de la femme et de l'homme : nul corps, nul individu, ne peut exercer d'autorité qui n'en émane expressément.

IV

La liberté et la justice consistent à rendre tout ce qui appartient à autrui ; ainsi l'exercice des droits naturels de la femme n'a de bornes que la tyrannie perpétuelle que l'homme lui oppose ; ces bornes doivent être réformées par les lois de la nature et de la raison.

V

Les lois de la nature et de la raison défendent toutes actions nuisibles à la société : tout ce qui n'est pas défendu par ces lois, sages et divines, ne peut être empêché, et nul ne peut être contraint à faire ce qu'elles n'ordonnent pas.

VI

La loi doit être l'expression de la volonté générale ; toutes les citoyennes et [tous les] citoyens doivent concourir personnellement, ou par leurs représentants, à sa formation ; elle doit être la même pour tous : toutes les citoyennes et tous les citoyens, étant égaux à ses yeux, doivent être également admissibles à toutes dignités, places et emplois publics, selon leurs capacités, et sans autres distinctions que celles de leurs vertus et de leurs talents.

VII

Nulle femme n'est exceptée ; elle est accusée, arrêtée, et détenue dans les cas déterminés par la loi. Les femmes obéissent comme les hommes à cette loi rigoureuse.

VIII

La loi ne doit établir que des peines strictement et évidemment nécessaires, et nul ne peut être puni qu'en vertu d'une loi établie et promulguée antérieurement au délit et légalement appliquée aux femmes.

IX

Toute femme étant déclarée coupable, toute rigueur est exercée par la loi.

X

Nul ne doit être inquiété pour ses opinions mêmes fondamentales, la femme a le droit de monter sur l'échafaud ; elle doit avoir également celui de monter à la tribune ; pourvu que ses manifestations ne troublent pas l'ordre public établi par la loi.

XI

La libre communication des pensées et des opinions est un des droits les plus précieux de la femme, puisque cette liberté assure la légitimité des pères envers les enfants. Toute citoyenne peut donc dire librement, je suis mère d'un enfant qui vous appartient, sans qu'un préjugé barbare la force à dissimuler la vérité ; sauf à répondre de l'abus de cette liberté dans les cas déterminés par la loi.

XII

La garantie des droits de la femme et de la citoyenne nécessite une utilité majeure ; cette garantie doit être instituée pour l'avantage de tous, et non pour l'utilité particulière de celles à qui elle est confiée.

XIII

Pour l'entretien de la force publique, et pour les dépenses d'administration, les contributions de la femme et de l'homme sont égales ; elle a part à toutes les corvées, à toutes les tâches pénibles ; elle doit donc avoir de même part à la distribution des places, des emplois, des charges, des dignités et de l'industrie.

XIV

Les citoyennes et citoyens ont le droit de constater par eux-mêmes, ou par leurs représentants, la nécessité de la contribution publique. Les citoyennes ne peuvent y adhérer que par l'admission d'un partage égal, non seulement dans la fortune, mais encore dans l'administration publique, et de déterminer la quotité, l'assiette, le recouvrement et la durée de l'impôt.

XV

La masse des femmes, coalisée pour la contribution à celle des hommes, a le droit de demander compte à tout agent public, de son administration.

XVI

Toute société, dans laquelle la garantie des droits n'est pas assurée, ni la séparation des pouvoirs déterminée, n'a point de Constitution ; la Constitution est nulle, si la majorité des individus qui composent la nation n'a pas coopéré à sa rédaction.

XVII

Les propriétés sont à tous les sexes réunis ou séparés ; elles ont pour chacun un droit inviolable et sacré ; nul ne peut en être privé comme vrai patrimoine de la nature, si ce n'est lorsque la nécessité publique, légalement constatée, l'exige évidemment, et sous la condition d'une juste et préalable indemnité.

Postambule

Femme, réveille-toi ; le tocsin de la raison se fait entendre dans tout l'univers ; reconnais tes droits. Le puissant empire de la nature n'est plus environné de préjugés, de fanatisme, de superstition et de mensonges. Le flambeau de la vérité a dissipé tous les nuages de la sottise et de l'usurpation. L'homme esclave a multiplié ses forces, a eu besoin de recourir aux tiennes pour briser ses fers. Devenu libre, il est devenu injuste envers sa compagne. Ô femmes ! femmes, quand cesserez-vous d'être aveugles ? Quels sont les avantages que vous avez recueillis dans la Révolution ? Un mépris plus marqué, un dédain plus signalé. Dans les siècles de corruption, vous n'avez régné que sur la faiblesse des hommes. Votre empire est détruit ; que vous reste-t-il donc ? La conviction des injustices de l'homme. La réclamation de votre patrimoine, fondée sur les sages décrets de la nature ; qu'auriez-vous à redouter pour une si belle entreprise ? Le bon mot du législateur des noces de Cana ? Craignez-vous que nos législateurs français, correcteurs de cette morale, longtemps accrochée aux branches de la politique, mais qui n'est plus de saison, ne vous répètent : femmes, qu'y a-t-il de commun entre vous et nous ? Tout, auriez-vous à répondre. S'ils s'obstinaient, dans leur faiblesse, à mettre cette inconséquence en contradiction avec leurs principes ; opposez courageusement la force de la raison aux vaines prétentions de supériorité ; réunissez-vous sous les étendards de la philosophie ; déployez toute l'énergie de votre caractère, et vous verrez bientôt ces orgueilleux, nos serviles adorateurs rampants à vos pieds, mais fiers de partager avec vous les trésors de l'Être suprême. Quelles que soient les barrières que l'on vous oppose, il est en votre pouvoir de les affranchir ; vous n'avez qu'à le vouloir. Passons maintenant à l'effroyable tableau de ce que vous avez été dans la société ; et puisqu'il est question, en ce moment, d'une éducation nationale, voyons si nos sages législateurs penseront sainement sur l'éducation des femmes.

Les femmes ont fait plus de mal que de bien. La contrainte et la dissimulation ont été leur partage. Ce que la force leur avait ravi, la ruse leur a rendu ; elles ont eu recours à toutes les ressources de leurs charmes, et le plus irréprochable ne leur résistait pas. Le poison, le fer, tout leur était soumis ; elles commandaient au crime comme à la vertu. Le gouvernement français, surtout, a dépendu, pendant des siècles, de l'administration nocturne des femmes ; le cabinet n'avait point de secret pour leur indiscrétion ; ambassade, commandement, ministère, présidence, pontificat, cardinalat ; enfin tout ce qui caractérise la sottise des hommes, profane et sacrée, tout a été soumis à la cupidité et à l'ambition de ce sexe autrefois méprisable et respecté, et depuis la Révolution, respectable et méprisé.

Dans cette sorte d'antithèse, que de remarques n'ai-je point à offrir ! je n'ai qu'un moment pour les faire, mais ce moment fixera l'attention de la postérité la plus reculée. Sous l'ancien régime, tout était vicieux, tout était coupable ; mais ne pourrait-on pas apercevoir l'amélioration des choses dans la substance même des vices ? Une femme n'avait besoin que d'être belle ou aimable ; quand elle possédait ces deux avantages, elle voyait cent fortunes à ses pieds. Si elle n'en profitait pas, elle avait un caractère bizarre, ou une philosophie peu commune, qui la portait aux mépris des richesses ; alors elle n'était plus considérée que comme une mauvaise tête ; la plus indécente se faisait respecter avec de l'or ; le commerce des femmes était une espèce d'industrie reçue dans la première classe, qui, désormais, n'aura plus de crédit. S'il en avait encore, la Révolution serait perdue, et sous de nouveaux rapports, nous serions toujours corrompus ; cependant la raison peut-elle se dissimuler que tout autre chemin à la fortune est fermé à la femme que l'homme achète, comme l'esclave sur les côtes d'Afrique ? La différence est grande ; on le sait. L'esclave commande au maître ; mais si le maître lui donne la liberté sans récompense, et à un âge où l'esclave a perdu tous ses charmes, que devient cette infortunée ? Le jouet du mépris ; les portes mêmes de la bienfaisance lui sont fermées ; elle est pauvre et vieille, dit-on ; pourquoi n'a-t-elle pas su faire fortune ? D'autres exemples encore plus touchants s'offrent à la raison. Une jeune personne sans expérience, séduite par un homme qu'elle aime, abandonnera ses parents pour le suivre ; l'ingrat la laissera après quelques années, et plus elle aura vieilli avec lui, plus son inconstance sera inhumaine ; si elle a des enfants, il l'abandonnera de même. S'il est riche, il se croira dispensé de partager sa fortune avec ses nobles victimes. Si quelque engagement le lie à ses devoirs, il en violera la puissance en espérant tout des lois. S'il est marié, tout autre engagement perd ses droits. Quelles lois reste-t-il donc à faire pour extirper le vice jusque dans la racine ? Celle du partage des fortunes entre les hommes et les femmes, et de l'administration publique. On conçoit aisément que celle qui est née d'une famille riche gagne beaucoup avec l'égalité des partages. Mais celle qui est née d'une famille pauvre, avec du mérite et des vertus, quel est son lot ? La pauvreté et l'opprobre. Si elle n'excelle pas précisément en musique ou en peinture, elle ne peut être admise à aucune fonction publique, quand elle en aurait toute la capacité. Je ne veux donner qu'un aperçu des choses, je les approfondirai dans la nouvelle édition de tous mes ouvrages politiques que je me propose de donner au public dans quelques jours, avec des notes.

Je reprends mon texte quant aux mœurs. Le mariage est le tombeau de la confiance et de l'amour. La femme mariée peut impunément donner des bâtards à son mari, et la fortune qui ne leur appartient pas. Celle qui ne l'est pas, n'a qu'un faible droit : les lois anciennes et inhumaines lui refusaient ce droit sur le nom et sur le bien de leur père, pour ses enfants, et l'on n'a pas fait de nouvelles lois sur cette matière. Si tenter de donner à mon sexe une consistance honorable et juste, est considéré dans ce moment comme un paradoxe de ma part, et comme tenter l'impossible, je laisse aux hommes à venir la gloire de traiter cette matière ; mais, en attendant, on peut la préparer par l'éducation nationale, par la restauration des mœurs et par les conventions conjugales.

Olympe de Gouges remettant sa « Déclaration des droits de la femme et de la citoyenne » à Marie-Antoinette. Estampe éditée en 1790

FORME DU CONTRAT SOCIAL
DE L'HOMME ET DE LA FEMME

Nous N et N, mus par notre propre volonté, nous unissons pour le terme de notre vie, et pour la durée de nos penchants mutuels, aux conditions suivantes : Nous entendons et voulons mettre nos fortunes en communauté, en nous réservant cependant le droit de les séparer en faveur de nos enfants, et de ceux que nous pourrions avoir d'une inclination particulière, reconnaissant mutuellement que notre bien appartient directement à nos enfants, de quelque lit qu'ils sortent, et que tous indistinctement ont le droit de porter le nom des pères et mères qui les ont avoués, et nous imposons de souscrire à la loi qui punit l'abnégation de son propre sang. Nous nous obligeons également, en cas de séparation, de faire le partage de notre fortune, et de prélever la portion de nos enfants indiquée par la loi ; et, au cas d'union parfaite, celui qui viendrait à mourir, se désisterait de la moitié de ses propriétés en faveur de ses enfants ; et si l'un mourait sans enfants, le survivant hériterait de droit, à moins que le mourant n'ait disposé de la moitié du bien commun en faveur de qui il jugerait à propos. Voilà à peu près la formule de l'acte conjugal dont je propose l'exécution. À la lecture de ce bizarre écrit, je vois s'élever contre moi les tartufes, les bégueules, le clergé et toute la séquelle infernale. Mais combien il offrira aux sages de moyens moraux pour arriver à la perfectibilité d'un gouvernement heureux ! j'en vais donner en peu de mots la preuve physique. Le riche Épicurien sans enfants, trouve fort bon d'aller chez son voisin pauvre augmenter sa famille. Lorsqu'il y aura une loi qui autorisera la femme du pauvre à faire adopter au riche ses enfants, les liens de la société seront plus resserrés, et les mœurs plus épurées. Cette loi conservera peut-être le bien de la communauté, et retiendra le désordre qui conduit tant de victimes dans les hospices de l'opprobre, de la bassesse et de la dégénération des principes humains, où, depuis longtemps, gémit la nature. Que les détracteurs de la saine philosophie cessent donc de se récrier contre les mœurs primitives, ou qu'ils aillent se perdre dans la source de leurs citations.

Je voudrais encore une loi qui avantageât les veuves et les demoiselles trompées par les fausses promesses d'un homme à qui elles se seraient attachées ; je voudrais, dis-je, que cette loi forçât un inconstant à tenir ses engagements, ou à une indemnité proportionnée à sa fortune. Je voudrais encore que cette loi fût rigoureuse contre les femmes, du moins pour celles qui auraient le front de recourir à une loi qu'elles auraient elles-mêmes enfreinte par leur inconduite, si la preuve en était faite. Je voudrais, en même temps, comme je l'ai exposée dans Le Bonheur primitif de l'Homme, en 1788, que les filles publiques fussent placées dans des quartiers désignés. Ce ne sont pas les femmes publiques qui contribuent le plus à la dépravation des mœurs, ce sont les femmes de la société. En restaurant les dernières, on modifie les premières.

Cette chaîne d'union fraternelle offrira d'abord le désordre, mais par les suites, elle produira à la fin un ensemble parfait. J'offre un moyen invincible pour élever l'âme des femmes ; c'est de les joindre à tous les exercices de l'homme : si l'homme s'obstine à trouver ce moyen impraticable, qu'il partage sa fortune avec la femme, non à son caprice, mais par la sagesse des lois. Le préjugé tombe, les mœurs s'épurent, et la nature reprend tous ses droits. Ajoutez-y le mariage des prêtres ; le Roi, raffermi sur son trône, et le gouvernement français ne saurait plus périr.

Il était bien nécessaire que je dise quelques mots sur les troubles que cause, dit-on, le décret en faveur des hommes de couleur, dans nos îles. C'est là où la nature frémit d'horreur ; c'est là où la raison et l'humanité n'ont pas encore touché les âmes endurcies ; c'est là surtout où la division et la discorde agitent leurs habitants. Il n'est pas difficile de deviner les instigateurs de ces fermentations incendiaires : il y en a dans le sein même de l'Assemblée nationale : ils allument en Europe le feu qui doit embraser l'Amérique. Les colons prétendent régner en despotes sur des hommes dont ils sont les pères et les frères ; et méconnaissant les droits de la nature, ils en poursuivent la source jusque dans la plus petite teinte de leur sang. Ces colons inhumains disent : notre sang circule dans leurs veines, mais nous le répandrons tout [entier], s'il le faut, pour assouvir notre cupidité, ou notre aveugle ambition. C'est dans ces lieux les plus près de la nature, que le père méconnaît le fils ; sourd aux cris du sang, il en étouffe tous les charmes ; que peut-on espérer de la résistance qu'on lui oppose ? La contraindre avec violence, c'est la rendre terrible, la laisser encore dans les fers, c'est acheminer toutes les calamités vers l'Amérique. Une main divine semble répandre partout l'apanage de l'homme, la liberté ; la loi seule a le droit de réprimer cette liberté, si elle dégénère en licence ; mais elle doit être égale pour tous, c'est elle surtout qui doit renfermer l'Assemblée nationale dans son décret, dicté par la prudence et par la justice. Puisse-t-elle agir de même pour l'État de la France, et se rendre aussi attentive sur les nouveaux abus, comme elle l'a été sur les anciens qui deviennent chaque jour plus effroyables ! Mon opinion serait encore de raccommoder le pouvoir exécutif avec le pouvoir législatif, car il me semble que l'un est tout, et que l'autre n'est rien ; d'où naîtra, malheureusement peut-être, la perte de l'Empire français. Je considère ces deux pouvoirs, comme l'homme et la femme qui doivent être unis, mais égaux en force et en vertu, pour faire un bon ménage.

Il est donc vrai que nul individu ne peut échapper à son sort ; j'en fais l'expérience aujourd'hui. J'avais résolu et décidé de ne pas me permettre le plus petit mot pour rire dans cette production, mais le sort en a décidé autrement. Voici le fait. L'économie n'est point défendue, surtout dans ce temps de misère. J'habite la campagne. Ce matin à huit heures je suis partie d'Auteuil, et me suis acheminée vers la route qui conduit de Paris à Versailles, où l'on trouve souvent ces fameuses guinguettes qui ramassent les passants à peu de frais. Sans doute une mauvaise étoile me poursuivait dès le matin. J'arrive à la barrière où je ne trouve pas même le triste sapin aristocrate. Je me repose sur les marches de cet édifice insolent qui recelait des commis. Neuf heures sonnent, et je continue mon chemin : une voiture s'offre à mes regards, j'y prends place, et j'arrive à neuf heures un quart, à deux montres différentes, au Pont-Royal. J'y prends le sapin, et je vole chez mon imprimeur, rue Christine, car je ne peux aller que là et remplies. Je reste à peu près vingt minutes ; et fatiguée de marche, de composition et d'impression, je me propose d'aller prendre un bain dans le quartier du Temple, où j'allais dîner. J'arrive à onze heures moins un quart à la pendule du bain ; je devais donc au cocher une heure et demie ; mais, pour ne pas avoir de dispute avec lui, je lui offre 48 sols : il exige plus, comme d'ordinaire, il fait du bruit. Je m'obstine à ne vouloir plus lui donner que son dû, car l'être équitable aime mieux être généreux que dupe. Je le menace de la loi, il me dit qu'il s'en moque, et que je lui payerai deux heures. Nous arrivons chez un commissaire de paix, que j'ai la générosité de ne pas nommer, quoique l'acte d'autorité qu'il s'est permis envers moi mérite une dénonciation formelle. Il ignorait sans doute que la femme qui réclamait sa justice était la femme auteur de tant de bienfaisance et d'équité. Sans avoir égard à mes raisons, il me condamne impitoyablement à payer au cocher ce qu'il me demandait. Connaissant mieux la loi que lui, je lui dis : Monsieur, je m'y refuse, et je vous prie de faire attention que vous n'êtes pas dans le principe de votre charge. Alors cet homme, ou, pour mieux dire, ce forcené s'emporte, me menace de la Force si je ne paye à l'instant, ou de rester toute la journée dans son bureau. Je lui demande de me faire conduire au tribunal de département ou à la mairie, ayant à me plaindre de son coup d'autorité. Le grave magistrat, en redingote poudreuse et dégoûtante comme sa conversation, m'a dit plaisamment : cette affaire ira sans doute à l'Assemblée nationale ? Cela se pourrait bien, lui dis-je ; et je m'en fus moitié furieuse et moitié riant du jugement de ce moderne Bride-Oison, en disant : c'est donc là l'espèce d'homme qui doit juger un peuple éclairé ! On ne voit que cela. Semblables aventures arrivent indistinctement aux bons patriotes, comme aux mauvais. Il n'y a qu'un cri sur les désordres des sections et des tribunaux. La justice ne se rend pas ; la loi est méconnue, et la police se fait, Dieu sait comment. On ne peut plus retrouver les cochers à qui l'on confie des effets ; ils changent les numéros à leur fantaisie, et plusieurs personnes, ainsi que moi, ont fait des pertes considérables dans les voitures. Sous l'ancien régime, quel que fût son brigandage, on trouvait la trace de ses pertes, en faisant un appel nominal des cochers, et par l'inspection exacte des numéros ; enfin on était en sûreté. Que font ces juges de paix ? Que font ces commissaires, ces inspecteurs du nouveau régime ? Rien que des sottises et des monopoles. L'Assemblée nationale doit fixer toute son attention sur cette partie qui embrasse l'ordre social.

14 septembre 1791
Olympe de Gouges

LE FÉMINISME
D'HIER À AUJOURD'HUI

Par Jean-David Haddad

Toute idée, toute philosophie, qui se diffuse dans une société, s'hétérogénéise. Regardez le christianisme : uniforme au début puis protéiforme au fil des siècles, incluant différentes branches, qui parfois se sont même fait la guerre entre elles.

Ainsi, le féminisme, tel que posé sans dire son nom par Olympe de Gouges, n'échappe pas à la règle. Il est loin d'être aujourd'hui uniforme. Du moins dans les pays où les droits de la femme sont acquis. Aussi, les sociologues distinguent actuellement dans le monde occidental l'existence d'une dizaine de féminismes différents.

Nous n'allons pas tous les citer ici, mais mentionnons le **féminisme pro-sexe** (qui plaide pour la libre utilisation de son corps par la femme, y compris si elle décide d'en faire un outil de travail et de plaisir), qui s'oppose au **féminisme radical** (qui considère entre autres que toute forme de prostitution relève du patriarcat et que l'ensemble de l'ordre patriarcal doit être aboli). Mentionnons aussi le **féminisme intersectionnel** (qui refuse d'isoler les discriminations envers les femmes d'autres discriminations comme celles sur la couleur de peau) qui s'oppose **au féminisme libéral**, qui lui est dans le courant des mouvements de libéralisme politique. On le comprend donc aisément : certains féminismes servent de prétexte à d'autres combats tandis que d'autres féminismes se concentrent sur les droits de la femme, et comme le disait Olympe de Gouges, ses devoirs également qui doivent être les mêmes que ceux des hommes. Certains féminismes sont donc plus victimaires et plus étatistes, plus interventionnistes que d'autres.

Un féminisme des droits et des devoirs ne devrait-il pas aller jusqu'à se rapprocher d'une égalité des sexes dans l'armée ? Très peu de pays vont jusque-là. Citons Israël et les pays scandinaves

(Suède, Norvège principalement) qui donnent les mêmes prérogatives aux femmes et aux hommes et dont les armées sont très
féminisées (en Israël, 37% des militaires actifs sont des femmes).

Malgré ce caractère protéiforme, qui conduit inévitablement à
des luttes idéologiques, comme nous avons pu le voir après les at-
tentats du 7 octobre 2023, le combat des femmes pour l'égalité des
droits dure pourtant depuis des siècles, et même s'il se fourvoie
dans une diversité, force est de reconnaître qu'Olympe de Gouges
en fut une des pionnières.

Quelques dates

– 1848 a marqué un tournant pour les droits des femmes, avec
la Convention de Seneca Falls, où des femmes activistes ont ré-
clamé publiquement leurs droits civiques, sociaux, politiques et
religieux.

– En 1893, la Nouvelle-Zélande adresse un message aux activistes de tous les autres pays : il est possible, grâce au plaidoyer,
d'obtenir l'égalité en matière de droit de vote.

– À la fin du XIXe siècle, des femmes du monde entier se mobili-
sent, en vue de militer pour l'égalité des sexes, au moment où la
place des femmes dans la main-d'œuvre évolue rapidement, ouvrant
de nouvelles possibilités au-delà des rôles féminins consistant à
prendre soin d'autrui.

– En 1945, les Nations Unies sont créées suite aux deux Guerres
mondiales, et Eleanor Roosevelt supervise la rédaction de la Déclaration universelle des droits de l'Homme. Aux côtés d'autres défenseurs
de droits, elle souligne dans le texte la place des droits des femmes
à l'attention du monde entier. Cela permet d'établir les fondations
des règles et des normes relatives aux droits des femmes à l'échelle
internationale. On y est, la mémoire d'Olympe de Gouges est, quelque
part, vengée !

L'élan féministe

Au cours des décennies suivantes, alors que les femmes obtiennent
des postes historiques de dirigeantes au sein des gouvernements, les
femmes activistes au niveau local s'intègrent à l'élan mondial en de-
venant de puissants symboles de résistance féministe et de
changement social.

Ce nouvel élan atteint son paroxysme en 1995 lorsque la Déclaration et le Programme d'action de Beijing présente un plan mondial visionnaire en faveur des droits des femmes et des filles.

En dépit de toutes ces avancées, même aujourd'hui, tout observateur de bonne foi constatera que les stigmates du patriarcat persistent. Avec l'essor de l'ère numérique, les médias sociaux s'avèrent un outil crucial pour encourager les populations dans leur lutte contre l'injustice. La voix d'une seule femme se révèle désormais plus puissante que jamais.

Les activistes au niveau local déclenchent des mouvements sociaux sur Internet et ailleurs, que ce soit dans les villes ou les villages, inspirant de futures générations de femmes leaders.

Suite aux campagnes menées sans relâche, ces mouvements génèrent des changements de politique, indiquant un véritable basculement des attitudes et des pratiques vis-à-vis de l'égalité des droits au niveau international.

Où en sommes-nous aujourd'hui ? Trente ans après la Déclaration de Beijing, les femmes et les hommes doivent se mobiliser de concert pour surmonter les obstacles qui persistent vis-à-vis de l'égalité des sexes. Ils doivent se battre pour mettre fin à la violence basée sur le genre, et favoriser l'accès aux soins médicaux et l'égalité salariale de participation à la vie politique.

PRÉFACE 7

À LA REINE 14

LES DROITS DE LA FEMME...............................17

DÉCLARATION DES DROITS DE LA FEMME ET DE LA CITOYENNE...21

Préambule 23
Article Premier 24
II...24
III..24
IV..24
V 24
VI..24
VII 25
VIII..25
IX...25
X 25
XI...25
XII 26
XIII 26
XIV 26
XV...26
XVI 26
XVII..27
Postambule...28

FORME DU CONTRAT SOCIAL DE L'HOMME ET DE LA FEMME...32

LE FÉMINISME D'HIER À AUJOURD'HUI 39

Découvrez les Œuvres Essentielles
de Memoria Books

ŒUVRES ESSENTIELLES

Colette

Claudine à l'école - Claudine à Paris - Claudine en ménage
Claudine s'en va - La retraite sentimentale - La maison de
Claudine - Le blé en herbe - Sido - Les vrilles de la vigne

Memoria Books

Diffusé par JDH Éditions

www.jdheditions.fr